JN439550

찔레꽃 엄마 향

류금자 시조집

찔레꽃 엄마 향

만인사

시인의 말

하늘 땅 바람 비구름
그래 그래 그렇지.
돌고 또 돌고 끝없이 맴도나니,
누구의 마음속에 쟁인
참을 수 없어 쏟아내는 말의 봇물,
시가 없으랴.

차 례

2

차 례

3

4

차 례

5

1

날 흔드는

오늘밤 너와 나누는 이 한 잔의 술이
시가 되어 가슴 흔드는 붉은 바람이어라

그 눈빛
내게 취하도록
짙은 향내 풍긴다

문

나는 너를 지키고 너는 나를 지킨다
다 떠난 서산마루 한적한 넓은 마당

저문 해
금쪽 같은 날
내일 너를 또 만나리

이제사 문이 열린다 어둠이 깔리는데
활짝 열어젖히고 별을 바라 헤어본다

저문 날
신비로운 것
오만가지 새롭다

엄마 말

어머니 그 깊은 곳 그 속으로 찾아들어

여태껏 그 보따리 풀 곳 없어 쟁인 속내

해거름 참을 수 없어 쏟아내는 말 봇물

돌 축대

직지사 만덕정에
돌 축대 천년만년

돌의 모양 다 달라도 그 쓰임새 제자리 있고

장인의
손길과 영혼
깊은 잠에 빠졌다

그래, 그래

그래, 그래 그래라
그래, 그래 알겠다

그래, 그래 가봐라
그래, 그래 바쁘제

그래라
알아서 해라
하도 바쁜 그래이

흰죽 한 그릇

벼랑 끝
저 벼랑 끝
천길 만길
벼랑 끝

녹아 빠진 애간장 더 녹을 게 없구나

한 그릇
수만 냥짜리 흰죽
눈길 머문 이 아침

수술 전야

또 다시 저 천정 쳐다볼 수 있을까

아니면 영영 냉동고 속에 갇힐까

두 마음 내 빈 뜨락에 서성서성 서성여

팔랑 몇 잎

한 잎 두 잎 떨어지는 가을하늘 단풍잎
찬바람 된서리에 우루루 뛰어가고

보아라
쳐다보아라
남은 몇 잎 팔랑댄다

닥쳐오는 계절을 그 누가 감당하리
그래, 가야할 곳 다 같은 저기 저 곳

그래라
더 팔랑이라
견디고 또 견디어라

참 이상해

오남매 중 막내아들의 맏딸이 어느새
대학에 들어가서 멋을 잔뜩 부린다
죽어도 이젠 만고호상
더 살고픈 것 참 이상해

수많은 나날을 후회 없이 살았건만
모든 것이 더 새롭고 신기하고 소중해
갈수록 살아갈수록
더 절실함이 참 이상해

코로나

날이면 날마다
마음이 구겨졌다

서로가 어쩌자고
못 믿어 떨고 있나

불안이
다 부푼 풍선
날려버려 바람에

누가 적군인지
소리 없는 전쟁터

못 믿어 거리두기
알 수 없는 침입자

마스크
너만 믿는다
흐르는 물 너 또한

마스크

말 말 말 참말 거짓말 가려낼 수 없는 말
무엇이 무엇인지 알 수 없는 말 많은 날
차라리 입 막고 살자 마스크가 나섰다

그분께서 노하셨다 마음대로 놀리다
세 치도 안 되는 혀 금도끼도 돌도끼도
차라리 만들지 말자 뉘우치고 묵묵히 살자

흔적들

미간에 저 냇물 어쩔거나 어이해
흐르는 천변 둑이 위태롭다 오늘도
얼마나 물살이 센지 알 길 없네 그 깊이

그래도 마스크가 반쯤 가린 저 간판
반백년 지난 동안 남겨진 흔적들
지금도 내리퍼부을 듯 먹구름이 어둡다

삿갓봉

다 벗은 알몸에다 하얀 이불 감았다
덕유산 삿갓봉에 다 함께 같은 이불
새하얀 동화의 나라 황홀한 백설잔치

소리 소문 전혀 없이 가만가만 퍼부어
천년 바위 말없이 푸근히 받아주고
이대로 새하얀 삿갓 늘 하얗게 이대로

2

쑥국

어쩔거나 올 봄도 또 다시 너를 캔다
양지쪽 밭두렁에 먼저 온 봄의 입김
한사코 칼금낸 손길 쑥의 살점 뜯는다

쑥국된장 향기가 집안 가득 풍기고
도란도란 둘러앉아 봄소식을 나눈다
밭두렁 살 오른 봄빛 흙냄새도 따라왔다

텅 빈 것 같은

터미널 들어서니 눈길 절로 더듬는다
거창읍 군청 옆에 소박한 한옥 삼 칸
물안읍 텅 빈 것 같은 사돈 떠난 빈집뿐

흘러가는 구름도 눈길 한번 주는지
빈집 마당 텃밭에 후두두둑 빗방울이
육남매 무지개 꿈이 영글었던 보금자리

당숙모 마늘

지난가을 외외가 당숙댁에 콩 사러 가
농사 지은 튼실한 마늘 한 접 얻어왔다
까보니 벌써 파란 촉 고개 뾰족 내민다

흙 한 줌 없어도 자라서 번식하려고
안간힘 쓰고 있는 부지런한 마늘 맘
이 속엔 당숙모님의 땀과 정성 소복하다

텃밭

가슴이 울렁울렁 눈에 쏘옥 들어온
파릇한 새 생명이 봄을 안겨 주네
연초록 새싹 뾰족이 고개 내미는 쪽파

가까이 다가앉아 자세히 살펴보니
낙엽이불 아래 달래 냉이 부추 파
가쁜 숨 할딱거리며 봄 마중 오는 소리

봄을 물씬 무르익게 흙더미를 갈구어
상추씨 청홍치마 텃밭 식구 불러 모아
따뜻한 봄볕 데려와 소꿉놀이 한창이다

꽃상여

을미년 시월 그믐 열한 살 난 맏상주
가네 가네 나는 가네 처량한 앞소리꾼
온 동네 산천초목도 슬피 울던 그때 그날

바람도 쌀쌀하던 초겨울 울던 날씨
한적한 들을 지나 산비탈 동지골로
점점점 멀어만지던 눈물바다 꽃상여

부부연

옛날엔 여러 가닥으로 꽁꽁 묶이어
모진 강풍에도 끊어지지 않았지

끊고자
끊고자 해도
끊어질 수 없었지

볼 수 없는 얼굴

언덕 위 그 얼굴 아른아른 그 얼굴
언젠가 우연하게 마주친 산사 언덕
은은한 무지개 눈빛 흘러버린 바람결

강산이 몇몇 번 바뀌고 또 바뀌어서
운명처럼 만나도 갈 길은 다 다르고
한 생을 되돌아보니 어제 아침 같아라

찔레꽃 엄마 향

찔레꽃 찔레꽃 하얀 언덕 찔레꽃
내 엄마 꼭 닮은 꽃 맛있는 포근한 향
모롱이 산비탈 밭둑 환히 밝혀 불렀지

내 동생 젖 물리고 살짝 잠든 그 사이
나도 몰래 물었네 찔레꽃 엄마 향
슬픈 향 가슴 에이는 내 엄마 향 찔레꽃

오월의 어머니

초록물결 넘실대는 오월의 하늘 아래
아카시아 향내보다 더 짙은 당신 내음

목 놓아 불러봅니다
따뜻한 품 내 어머니

김장

잘 절여진 살미면 문강배추 오늘 도착
약속한 딸 며느리 내일은 다 모인다
어머니 신난 발걸음 양념 준비 바쁘다

오남매 다 모여 오순도순 깨 볶는 날
어쩌다 오지 못한 한 사람 섭섭하지만
오늘은 우리 어머니 자식사랑 치대는 날

그 소리

수많은 얼굴 중에 자리잡은 그 모습
많고 많은 꽃 중에 잘 보이는 꽃송이
새까만 내 거울 속에 눈 감아도 잘 보이는

둘도 없는 그 소리 음마음마 그 음성
사각사각 배물 같은 그 연한 단물소리
봄바람 꽃물결 같은 부드러운 그 소리

그 사랑

무한량 퍼주던
비단결 같은 사랑

이젠 그 어디에도
찾을 수 없는 얼굴

언제나 감싸주던 사랑
손길 아득히 먼 날

저 빈 하늘에 두둥실
구름 가고 바람 부네

고물 같은 부드러움
그때는 진정 몰랐네

떠난 뒤 외로이 홀로
돌아보고 또 보네

한 마리 엄마새

물안개에 휩싸여 보일 듯 보일 듯이
개구리알 가시연꽃 뭇 생명과 어우러져
늪 물속 보석 젖줄에 발목 묶인 한 마리 새

계절이 오고가도 오가는 줄 모르고
비갠 뒤 무지개도 애뜻이 감싸안고
늪 물속 고둥 고기가 그의 마음 다 훔쳤다

우포의 넓은 품이 엄마새를 본 거지
수 없이 더듬어 훌터 건져올린 생의 젖줄
한 생을 못떠난 둥지 늪 물속은 알고 있다

마음

끝없이 넓은 우주
마음도 우주라네

행복이 가까이에
앉은 줄도 몰랐네

모두가 행복이었네
스치고 간 한 백년

3

가장

출근길 차창 너머 성당시장 신호등 옆
열어젖힌 냉동차 속 각을 뜬 돼지 반쪽
무거운 살과 피 없고 휘청대는 저 어깨

삶의 붉은 울음 숨 가쁜 저 발걸음
켜켜이 쌓인 돼지 모른 채 눈을 감고
가장의 소중한 자리 뼈마디도 녹인다

어느 날의 문안

방안을 둘러보니
바람 든 사월 무

더는 쓸모없어
쳐다보는 먼 하늘

뒤란에
걸린 시래기
찬바람에 서걱서걱

유튜브

귀 밝고 눈빛 맑고 모르는 것 없는 놈
요렇게 똑똑한 놈 생전에 처음 봤다
아픈 곳 한두 군데인데 선약은 수백 가지

묻고 또 물어보고 아무리 되물어도
아는 것 너무 많아 헷갈리기 딱이다
어디가 어디인지를 분간 못할 늪이다

봄 한나절

봄꽃이 흐드러져
괜시리 외로운 날

누구도 오지 않고
소식 한 통 없는 날

영산홍
붉은 베란다
목이 말라 보이네

정상

꿈 안고 오른 정상
구름 몇 점 떠가고

돌아보니 아득해라
지난날은 한순간

가슴엔
꿈이 남았는데
아롱아롱 남았는데

고리

눈빛만 스치어도 헤아리고 남는다
하많은 사람 중에 인연으로 고리되어

때로는
무거운 어깨
허리 휘청거린다

가까워도 먼 거리 멀어도 가까운 거리
벙어리 냉가슴앓이 숯덩이된 이내 속

고리에
소중한 자리
흉허물을 잠재운다

망막 수술 후

바라볼 수 있어서 고맙고 행복하여라

찾아갈 수 있어서 고맙고 행복하여라

지금도 살아 숨쉬니 고맙고 행복하여라

소낙비

내 한 천 년 후에 구름으로 떠다니다

상상화 애통한 님 고비사막 걸을 적에

갑자기 소낙비되어 그대 흠뻑 적시리

저 새 물살

너무 빨리 내달린 폭포처럼 뛰어내리네

아무리 달려 봐도 따라 갈 길 전혀 없네

저 물살 날아오를 듯 훨훨 날아 잘도 가네

3월 30일

팔순 언니와 고등어구이 점심 뒤
두류공원 끝없는 자동차 사람물결
만개한 벚꽃 그늘에서 지난 봄 펼쳐본다

오붓한 가족끼리 팔짱낀 청춘남녀
어느 요양병원 휠체어 탄 단체손님
어울린 벚꽃 잔치에 한나절이 짧구나

지금 못 보면 어이하리 영영 못 보면
내년 이맘때 또 다시 보면 좋으련만
한 치 앞 누가 알리요 기약 없는 그날을

흰 쌀밥

음력 칠월 열엿새 밝은 달도 처량타
서른아홉 과수댁 다섯 남매 조롱박
오늘은 철부지 남편 제삿날이 아닌가

어떻게 살아갈까 자나깨나 밥걱정
제사상 흰 쌀밥에 반짝이는 저 눈빛들
가을이 영글어 와도 천방지축 술타령

신라의 달밤

치악산 정기받고 싹 텃네 신라의 달밤
마디마디 아픈 상처 씻은 듯 치유 명약
기꺼이 어루 만진다 지난날에 쌓은 탑

스물두 해 맴돌다가 올라선 저 높은 탑
마음껏 쏟아낸다 폭포처럼 펼친다
애끓는 수수만 가슴 다 녹인다 명보스

달밤 콘서트

별이 쏟아지는 흔들리는 밤하늘
오로라 오로라 오로라가 나타났다
춤 춘다 신난 오로라 넋을 잃은 밤하늘

반짝이던 수많은 별 그 빛에 휩싸여서
밤하늘 흔들흔들 환상의 빛 꿈이던가
별들의 샘솟는 눈물 속에 것 다 비운다

4

여름 끝자락

후회 없이 내질렀다
삼복을 장식했다

불볕더위 숨죽였다
매미울음 그쳤다

떨어져
땅 위에 누워
개미 잔칫상 차렸다

천천히

너를 만나 한 번도 불편한 적 없었다
언제 어디서나 포근한 봄바람처럼
오늘도 천천히 가자 기다릴 줄 알아야지

아기처럼 보채는 나 타이르고 잠재우고
모든 일은 저절로, 저절로 때가 있다고
천천히 기다리라고 손 이끌고 가리켰다

외롭고 힘들 때 나의 친구되었지
너는 내 친구 내가 찾은 천천히
어디든 동행해주는 변함없는 내 친구

흰 동백

추위 견디느라
힘들었던 화초들

베란다 흰 동백이
입춘 소식 피운다

하이얀
미소 머금고
눈짓하는 꽃망울

그 어디쯤

만남은 이별의 씨앗 그때 그 만남이
곧 이별인 줄 몰랐지 점점 다가와도
오는 줄 전혀 모르고 눈치 챌 줄 몰랐나

언제나 사시사철 있을 줄만 믿었지
철부지 아이 같은 삼사십 대 아이가
이제는 철들락 말락 그 어디쯤 왔을까

흰 나비

영남루 남천강변 저 절벽 푸른 대숲
보름달 휘영청 불 밝히는 저녁에
달구경 덫에 걸려서 못다 핀 꽃 한 송이

아랑의 절개를 덧없다 이르지 말라
시린 강물 속에 어룽지는 뭉게구름
바람도 숨죽여 우는 저 절벽에 흰 나비

경로석

언제나 그 자리에 마주앉은 노인들
감출 수 없는 모습 지나온 흔적들
혼곤한 저 눈빛 속엔 아픈 사연 뭐길래

서로를 알 수 없는 천층 만층 수만층
다시 가고 싶지 않은 힘겨웠던 지난 날
내년을 기약하고픈 봉선화 꽃씨 건넨다

낙상

구겨진 종이 한 장 여든여섯 해 시린 겨울
더듬어 지나온 길 빼곡이 써내려간
어쩌나 찢어진 종이 붙이기는 붙여야 해

해 저문 강언덕에 길 잃은 새 한 마리
어쩌나 어이타가 다리조차 왜 다쳤어
제 둥지 영영 못갈까봐 마음조려 떨고 있다

코로나

보이지도 않고 잡히지도 않는 것이
만민의 희망 행복 군데군데 싹둑싹둑
너들이 무엇이기에 소리 소문 전혀 없이

천년만년 안 봐도 보고 싶지 않는 너
길 잃고 눈도 멀어 오도가도 말거라
우리 다 한마음 한뜻 온 지구촌이 한마음

심장이 쪼인다

지팡이 도우미와 학산 기슭 산책 나온
약간 절며 걸어가는 저 사람 참 부럽다
쓰러진 내 막내동생 심장 쪼이는 날벼락

소식을 기다리자니 하루가 열흘 같다
눈이 캄캄 귀가 먹먹 쪼여드는 애간장
언제쯤 깨어날지 몰라 바싹바싹 마르는 침

겨울산

분주하고 화려했던
지난 날 다 내려놓고

발 앞에 수북이 쌓인
낙엽을 내려다보며

살아도
죽은 듯 말없이
이 혹한을 견딘다

선달 달력

베란다 화분들 포기마다 아름답고
한 장 남은 저 달력 귀하디 귀한 것을

이재야 깨달아 아네
이 한밤도 천금인 줄을

고로쇠

겨우내 모진 추위 견디고 또 견디고
발치에 흰 눈마저 녹아내리는 이월 말쯤
온몸에 온기 조금씩 돌고 있는 이맘때
봄날도 좋은 봄날 햇볕 환한 오후쯤
여기저기 무참히 상처난 자국들이
힘겹게 겨우 만든 피 누군가가 훔친다
하지만 밤낮으로 만들고 또 만든다
한 몸 지탱하려 젖 먹던 힘 다 쏟는다
이맘때 지나가기가 살얼음판 위 같다

열이레

열이레 저 달이 시나브로 기울지만
오늘밤 내 창가에 넌지시 찾아와서

머물 듯
머물 듯 하더니
한사코 떠나가네

저 걸음마

저기 저 산기슭을 아장아장 걸어오네
매만지고 쓰다듬고 따신 입김 뿌리며
저 아기 겨우 첫돌쯤 지났을까 걸음마

지난밤 마침내 촉촉이 내린 비에
저마다 부지런히 시침질하고 있네
올해도 갖가지 색깔 고운 옷 입히려고

코스타리카

디아만테 디아만테 쏟아지는 쌍둥폭포

폭포 안 동굴 속 밥상 차리는 비단 손길

언제나 보석 같은 곳

지상낙원 코스타리카

5

계족산 황토길

포근한 품 속 떠나 바람폭에 휘감겨
이만이천 오백여 일 이리저리 뒹굴다가
드디어 마침내 왔다 붉은 품에 안겼다

그리움 안고서 어우러져 굴러 와서
한나절 천천히 짓이겨 얼싸안고 떠돌다
돌아온 본향 무지개꿈 황토길

아련히 떠오르는 돌담텃밭 외갓길
해거름 불 밝히는 새하얀 박꽃 넝쿨
사립문 텃밭울타리 환한 박꽃 황토길

처서

가던 길 멈춰 서서
바람눈치 살피며

침묵 중인 가로수들
더는 갈 곳이 없어

갈 맞을
준비 바쁘다
어디쯤이
거기일까

매미는 이젠 그만
목청도 쉰소리가

밤이면 먼발치
귀뚜라미 울어쌓고

갈 길을

더 재촉하는

떨어지는

빗방울

백록담

발칵 뒤집혔다 끓이고 끓인 속내
스쳐간 자국마다 깊은 상처 타버린 뼈
언젠지 알 수 없지만
그 발자국 참 고와라

구름도 놀다가고 바람도 쉬어가는
하늘 닿은 정수리 거울 한 장 눕혀놓고
백록담 저 고인 눈물
세월 흘러 마른다

동창회

칠십년 전 백 살이라더니 아직도 백 살
알고 있지 소나무야 너를 안고 얘기한다
오가던 수많은 사람 너는 너는 잘 알지

다 떠난 텅빈 교정 폐교가 쓸쓸하다
제 갈길 찾아간 마을에도 빈집 많고
오늘 와 다시 모여도 안 뵈는 친구 많구나

바라보고 있을 뿐

반세기 전 우리는 내 몸 같은 한 핏줄
지금은 너무 멀어 조심스런 거리감
이제는 간당거리는 부표 하나 떠 있다

거스를 수 없는 피를 나눈 가지마다
제 나름 푸른 잎으로 열심히 뻗어나고
거리가 너무 멀어서 바라보고 있을 뿐

태백

막힌 듯한데 구비 돌면 다시 또 한 구비
산 첩첩 물 첩첩 기암괴석 첩첩이고
여기가 태백 대자연 백두대간 님의 손길

용연동굴 들어서니 억겁의 숨결소리
태백의 오묘한 넋 깊숙이 간직하고
숨겨진 잉태한 보석 우리 모두 부른다

비단길

자욱자욱 포근한 이 길을 몰랐네

이제라도 너를 알아
후회 없이 걷고 있네

어쩌면
눈앞에 두고
한눈 팔고 있었나

버거워

카톡 카톡 저 카톡 시도 때도 없나봐
내 너무 무거워서 비틀비틀 등이 휜다
제발 좀 보내지 마라 내 등골이 휜다

내 짝꿍 당신은 자기 방식 벙어리로
안 들리면 편하지만 내 등짝은 무거워
오늘도 버거운 하루 제발 이젠 적당히

감사와 함께

놓칠세라 꼭 끌어안고
함께 가고 있는 이들

같이 할수록 좋아
멀어질까 붙잡고

놓치면 다치기 쉬워
조심하며 함께 간다

밤

반짝이는 별 함께
어김없이 오는 너

오늘 아니 오시니
기어코 아니 오시니

이 한밤
바람꽃 같이
나는 살아 있어라

들국화

봄부터 가을까지 긴 나날 기다리며
다듬고 매만지며 피워낸 노오란 들국
짙은 향 가을 언덕에 출렁이고 있구나

따뜻한 가을볕에 단풍잎 물들었고
가을걷이 다 끝난 스산한 언덕 아래
들국화 당신의 향기 내 발걸음 부른다

제주 봄맞이

제주의 노오란 봄이 내 유리문 두드린다
대지에도 가슴에도 찾아드는 싱그러움
가파도 청보리 물결 한 바다인 듯 출렁인다

마라도 바다 속에 성게 미역국 건진다
저 깊은 곳에서도 첨벙첨벙 봄맞이
아득한 바다 속 봄꿈 숨비소리 잠깨운다

| 해설 |

미학적 무한 긍정과 따사로운 인간애

이정환(한국시조시인협회 이사장)

1

이 땅에 태어나서 우리말을 익히고 우리글을 공부한 사람이 일평생 동안 시조 한 편 써보지 않고 세상을 하직한다면 그 사람은 직무유기를 한 것이라고 생각한다. 그만큼 시조의 형식미학은 창의적이고 우리의 삶과 세계를 담기에 가장 알맞은 시의 그릇이자 우리의 유전자와 같은 정신적 문화유산이기 때문이다.

그런 점에서 볼 때 류금자 시인의 시조 사랑은 남다르다. 일찍 시작하지는 않았지만 그 열정은 뜨겁다. 실로 훌륭한 인품과 덕망을 갖춘 데에다 문학적 재질을 시조 창작에 쏟고 있으니, 그 어떤 상찬도 모자랄 터이다.

2

정음시조문학상 운영위원회 운영위원인 류금자 시인은 대구시 비산동 출생으로 2015년 《시조시학》 신인상 당선으로 등단했고, 시조집 『텃밭』이 있다.

류금자 시인의 시조는 솔직담백한 정서 표출이 눈길을 끈다. 사람살이에서 비롯된 자각과 성찰을 통해 보다 따뜻한 세상을 꿈꾸는 노래다. 때로 존재의 근원을 주시하는 눈길도 보이고, 인간 관계 속에서 맞닥뜨리는 여러 가지 시적 정황을 시조로 육화하기 위해 힘쓴다. 이처럼 그의 시조는 진중한 경륜에서 얻은 따사로운 인간애의 발현이요, 넌출거리는 서정의 세계여서 행복하게 읽히는 특장을 지니고 있다.

그는 오랫동안 시를 쓰다가 우연히 시조의 가치를 알게 되어 시조로 등단한 이후 연륜의 깊이가 묻어나는 시조 창작에 힘쓰고 있는 중이다. 오랜 세월을 지내면서 아직도 동심을 그대로 간직하고 있어서 모든 작품들이 진솔하다. 꾸밈이 없는 언어 운용으로 감동을 선사한다.

그래, 그래 그래라
그래, 그래 알겠다

그래, 그래 가봐라
그래, 그래 바쁘제

그래라
알아서 해라
하도 바쁜 그래이
—「그래, 그래」 전문

나는 너를 지키고 너는 나를 지킨다
다 떠난 서산마루 한적한 넓은 마당

저문 해
금쪽 같은 날
내일 너를 또 만나리

이제사 문이 열린다 어둠이 깔리는데
활짝 열어젖히고 별을 바라 헤어본다

저문 날
신비로운 것
오만가지 새롭다
—「문」 전문

「그래, 그래」는 얼마나 정겨운가. 살가운 정이 짤막한 단시조 한 편에 잘 녹아 흐르고 있다. 우리가 보통 대화할 때 어른이나 아이나 흔히 잘 쓰는 말 가운데 하나인 "그래"가 제목까지 합하면 무려 열 세 번이나 나온다. 사실 웬만한 대화는 "그래"로 다 해결될 수가 있다. 더구나 가까운 친구나 가족끼리는 더욱 그렇다. "그래, 그래 그래라"하면서 "그래, 그래 알겠다"라고 말한다. 구체적인 내용은 이미 서로가 잘 알고 있기 때문에 이 정도로도 충분히 모든 의사 교환은 가능하다. 마음으로 다 통하고 있는 것이다. 네가 그렇게 하면 그 일에 대해서는 내가 잘 알겠으니 그렇게 하라는 것이다. 그 다음으로 화자는 "그래, 그래 가봐라"라고 하면서 덧붙이는 말로 "그래, 그래 바쁘제"라고 호응한다. 바쁘니까, 그리고 이야기가 잘 되었으니 가보라는 것이다. 또한 "그래라"라고 하면서 "알아서 해라"라고 재량권을 준다. 믿고 있다는 것이다. 네가 잘 할 수 있을 것이라는 믿음이 있기 때문이다. 그래서 화자는 혼자서 "하도 바쁜 그래이"로구나 생각하면서 미소를 지었을 듯하다. 요즘 삶의 문제 가운데 하나가 가족끼리, 혹은 친구와 깊은 대화를 나누지 못하고 살아가고 있는 점일 것이다. 소통의 부재다. 각자 일에 바빠서 주변을 돌아볼 틈이 없어 각박해지고 있다. 이러한 때에 여유를 가지고 「그래, 그래」를 읽어보았으면 좋겠다. 정이 듬뿍 담긴 "그래"가 유의미하게 되풀이되면서 마음을 사로

잡는 「그래, 그래」를 조용히 음미하면서 사람살이가 얼마나 귀한 지를 깨닫고 느끼는 시간을 가졌으면 하는 마음 간절하다.

「문」의 첫줄을 보라. "나는 너를 지키고 너는 나를 지킨다"가 함의하고 있는 담론은 범우주적이다. 나와 너, 너와 나의 상호작용 혹은 관계망은 매우 치밀하다. 생명의 무한교감이다. 서로가 서로를 지킴으로써 우주의 질서는 유지된다. 서로에 대한 무한사랑이다. 화자는 "다 떠난 서산마루 한적한 넓은 마당/저문 해/금쪽같은 날/내일 너를 또 만나리"에서 보듯 혼자만의 삶이 아니다. 더불어 가는 길이다. 그것은 금쪽같은 것이다. 금쪽같은 것 이상이다. 다음으로 "이제사 문이 열린다"고 한다. "어둠이 깔리는" 무렵이다. 하여 "활짝 열어젖히고 별을 바라"보면서 헤어본다. "저문 날/신비로운 것/오만가지"가 새로운 것을 환기시킨다.

날이면 날마다
마음이 구겨졌다

서로가 어쩌자고
못 믿어 떨고 있나

불안이

다 부푼 풍선
날려버려 바람에

누가 적군인지
소리 없는 전쟁터

못 믿어 거리두기
알 수 없는 침입자

마스크
너만 믿는다
흐르는 물 너 또한
—「코로나」 전문

말 말 말 참말 거짓말 가려낼 수 없는 말
무엇이 무엇인지 알 수 없는 말 많은 날
차라리 입 막고 살자 마스크가 나섰다

그분께서 노하셨다 마음대로 놀리다
세 치도 안 되는 혀 금도끼도 돌도끼도
차라리 만들지 말자 뉘우치고 묵묵히 살자
—「마스크」 전문

미간에 저 냇물 어쩔거나 어이해
흐르는 천변 둑이 위태롭다 오늘도

얼마나 물살이 센지 알 길 없네 그 깊이

그래도 마스크가 반쯤 가린 저 간판
반백년 지난 동안 남겨진 흔적들
지금도 내리퍼부을 듯 먹구름이 어둡다
—「흔적들」 전문

아직도 코로나 시국이다. 탈출하지 못하고 있다. 「코로나」 시대에 화자는 "날이면 날마다/마음이 구겨졌"고 "서로가 어쩌자고/못 믿어 떨고 있"는지 반문한다. 그리하여 "불안이/다 부푼 풍선/날려버려 바람에"라고 외친다. 이어서 "누가 적군인지" 모르는 "소리 없는 전쟁터"임을 인식하고 "못 믿어 거리두기/알 수 없는 침입자"로 말미암아 결구에서 "마스크/너만 믿는다/흐르는 물 너 또한"이라고 그나마 우리를 잘 지켜주고 있는 대상을 향해 믿음을 보낸다.

「마스크」는 "말 말 말 참말 거짓말 가려낼 수 없는 말/무엇이 무엇인지 알 수 없는 말 많은 날/차라리 입 막고 살자"라면서 "마스크"가 전면에 나섰다고 말한다. 그리고 "그분께서 노하셨다 마음대로 놀리다"라고 자각하면서 "세 치도 안 되는 혀 금도끼도 돌도끼도/차라리 만들지 말자"라고 한 후 "뉘우치고 묵묵히 살"것을 적극 권유한다. 입에서 나온 말의 폐해를 제시하면서 혀를 함부로 놀리는 일을 이제 삼가야 함을 힘주어 말하고 있다.

「흔적들」은 "미간에 저 냇물 어쩔거나 어이해/흐르는 천변 둑이 위태롭다 오늘도"라고 참신한 눈길로 얼굴을 관찰한 뒤 "얼마나 물살이 센지 알 길 없네 그 깊이"라고 뇌리에 정황을 각인시킨다. 신산한 삶의 한 단면을 압축하여 보여주고 있다. 둘째 수는 "그래도 마스크가 반쯤 가린 저 간판/반백년 지난 동안 남겨진 흔적들"이라고 읽어내면서 "지금도 내리퍼부을 듯 먹구름"으로 어두운 것을 상기시킨다. 그만큼 인생살이는 간난의 연속임을 「흔적들」을 통해 여실히 보여주고 있다.

또 다시 저 천정 쳐다볼 수 있을까

아니면 영영 냉동고 속에 갇힐까

두 마음 내 빈 뜨락에 서성서성 서성여
—「수술 전야」 전문

벼랑 끝
저 벼랑 끝

천길 만길

벼랑 끝

녹아 빠진 애간장 더 녹을 게 없구나

한 그릇
수만 냥짜리 흰죽
눈길 머문 이 아침
—「흰죽 한 그릇」 전문

「수술 전야」와 「흰죽 한 그릇」은 무장 간절하다. 생명과 직결되기 때문이다. 「수술 전야」에서 화자는 "또다시 저 천정 쳐다볼 수 있을까"라고 생각하다가 "아니면 영영 냉동고 속에 갇힐까"라는 마음까지 들어서 몹시 착잡하다. 그렇기에 "두 마음 내 빈 뜨락에 서성서성 서성여"라고 애타는 심경을 고스란히 드러내고 있는 것이다. 간명한 단시조 형식 안에서 상황을 압축하여 할 말을 다하고 있다.

「흰죽 한 그릇」은 "벼랑 끝/저 벼랑 끝/천길 만길/벼랑 끝"에서 보듯 위태로운 정황이 가감 없이 표출되고 있다. 한 장을 4행으로 끊어서 표기하고 있는데서 급박한 심경이 그대로 드러난다. 무려 "끝"이 세 번이나 쓰인 것도 그렇다. 마침내 "녹아 빠진 애간장 더 녹을 게 없"게 되었다. 그래서 "한 그릇/수만 냥짜리 흰죽"이라고 죽 한 그릇의 소중함을 극대화시키고 있다. 화자에게는 그 죽 한 그릇이 곧 목숨이었기에 "눈길 머문 이 아침"이라고 끝을 맺었을 것이다. 이보다 더 절절할 수가 있으랴?

봄꽃이 흐드러져
괜시리 외로운 날

누구도 오지 않고
소식 한 통 없는 날

영산홍
붉은 베란다
목이 말라 보이네
—「봄 한나절」 전문

찔레꽃 찔레꽃 하얀 언덕 찔레꽃
내 엄마 꼭 닮은 꽃 맛있는 포근한 향
모롱이 산비탈 밭둑 환히 밝혀 불렀지

내 동생 젖 물리고 살짝 잠든 그 사이
나도 몰래 물었네 찔레꽃 엄마 향
슬픈 향 가슴 에이는 내 엄마향 찔레꽃
—「찔레꽃 엄마 향」 전문

「봄 한나절」은 간결한 정서를 담고 있다. "봄꽃이 흐드러져/괜시리 외로운 날"은 언뜻 보면 앞뒤가 맞지 않는 느낌이 든다. 하지만 꽃은 흐드러져도 화자는 외로울 수가 있다. 꽃이 피어 기쁘고 행복한 날이 될 수도 있을 테지만 도리어 만개로 말미암아 자신의 처지가 더욱 쓸쓸한 것이다. 내 안에 어떤 박탈감 같은 정서가 머물고 있을 때는 그럴 수 있는 일이다. 중장은 그 사실을 알리고 있다. "누구도 오지 않고/소식 한 통 없는 날"이 이어지고 있어서다. 그래서 "영산홍/붉은 베란다/목이 말라보이"는 것이 눈에 들어왔을 것이다. 꼭 나만 외롭고 쓸쓸한 것이 아니라 베란다의 영산홍도 나와 엇비슷한 처지였던 것이다. 그 사실로 얼마간의 위로를 받았을 법하다.

「찔레꽃 엄마 향」을 보자. "찔레꽃 찔레꽃 하얀 언덕 찔레꽃/내 엄마 꼭 닮은 꽃 맛있는 포근한 향/모롱이 산비탈 밭둑 환히 밝혀 불렀"던 꽃이다. 해마다 찔레꽃을 볼 때마다 엄마가 떠오른다. 그 때 그리움은 북받쳐 오른다. 더구나 "내 동생 젖 물리고 살짝 잠든 그 사이/나도 몰래 물었"던 "찔레꽃 엄마 향"이기 때문이다. 그리하여 결구는 다시금 "슬픈 향 가슴 에이는 내 엄마 향 찔레꽃"이라고 매듭짓고 있다. 물밀려 올 듯한 그리움을 화자는 오래도록 감당하지 못한다.

잘 절여진 살미면 문강배추 오늘 도착
약속한 딸 며느리 내일은 다 모인다
어머니 신난 발걸음 양념 준비 바쁘다

오남매 다 모여 오순도순 깨 볶는 날
어쩌다 오지 못한 한 사람 섭섭하지만
오늘은 우리 어머니 자식사랑 치대는 날
—「김장」 전문

내 한 천년 후에 구름으로 떠다니다

상상화 애통한 임 고비사막 걸을 적에

갑자기 소낙비 되어 그대 흠뻑 적시리
—「소낙비」 전문

방안을 둘러보니
바람 든 사월 무

더는 쓸모없어
쳐다보는 먼 하늘

뒤란에
걸린 시래기
찬바람에 서걱서걱
—「어느 날의 문안」 전문

너를 만나 한 번도 불편한 적 없었다
언제 어디서나 포근한 봄바람처럼
오늘도 천천히 가자 기다릴 줄 알아야지

아기처럼 보채는 나 타이르고 잠재우고
모든 일은 저절로, 저절로 때가 있다고
천천히 기다리라고 손 이끌고 가리켰다

외롭고 힘들 때 나의 친구 되었지
너는 내 친구 내가 찾은 천천히
어디든 동행해주는 변함없는 내 친구
—「천천히」 전문

「김장」은 향수를 불러일으킨다. "잘 절여진 살미면 문강배추 오늘 도착/약속한 딸 며느리 내일은 다 모인다"라면서 "어머니 신난 발걸음 양념 준비 바"쁜 상황을 제시하고 있다. "오남매 다 모여 오순도순 깨 볶는 날/어쩌다 오지 못한 한 사람 섭섭하지만/오늘은 우리 어머니 자식사랑 치대는 날"이어서 피곤한 줄도 모른다. 「김장」은 평범한 일상을 노래한 작품으로 간주할 수도 있겠지만, 둘째 수에서 "우리 어머니 자식사랑 치대는 날"이라는 빛나는 결구로 말미암아 시적 승화가 이루어져서 명편이 되고 있다. 치댄다는 말이 자식사랑과 결합되어 긴 울림을 안겨주고 있기 때문이다.

「소낙비」는 애절하다. "내 한 천년 후에 구름으로 떠다니다//상사화 애통한 임 고비사막 걸을 적에//갑자기 소낙비 되어 그대 흠뻑 적시"겠다는 염원을 담고 있다. 천년은 길이이기도 하지만 깊이이기도 하다. 천년을 살지 못하는 인간에게 천년은 영원이나 다름이 없다. 천년 후 구름이 된 화자는 임이 고비사막을 걸을 적에 한 줄기 소낙비가 되어 그대를 적시겠다고 한다. 지극한 사랑노래가 아닐 수 없다. 너무나도 간절하기 때문에 반드시 이루어질 것이라는 생각이 든다.

「어느 날의 문안」은 고적한 분위기를 연출하고 있다. "방안을 둘러보니/바람 든 사월 무"가 보인다고 한다. 무는 바람이 들면 버려진다. 더구나 사월 무는 더더욱 그렇다. 그래서 화자는 "더는 쓸모없어" 먼 하늘을 쳐다본다. 그때 고적함을 더하는 것이 있다. "뒤란에/걸린 시래기/찬바람에 서걱서걱"거리고 있는 것이다. 「어느 날의 문안」은 살면서 누구나 이와 비슷한 정황에 놓여 적막해질 수 있음을 은연중 말하고 있다.

「천천히」는 느림의 미학을 노래한다. "너를 만나 한 번도 불편한 적 없었다"라면서 "언제 어디서나 포근한 봄바람처럼/오늘도 천천히 가자 기다릴 줄 알아야지"라고 읊조린다. "아기처럼 보채는 나 타이르고 잠재우고/모든 일은 저절로, 저절로 때가 있다고/천천히 기다리라고 손 이끌고 가리"키는 그가 있어서 성급하지 않게 지금껏 잘 살아왔다고 말한다. "외롭고 힘들 때 나의 친구 되었"고, 그는 곧 "내가 찾은 천천히"였던 것이다. 조급하지 않도록 "어디든 동행해주는 변함없는 내 친구"였기에 오늘까지지도 무사히 살아온 것이다.

가던 길 멈춰 서서
바람눈치 살피며

침묵 중인 가로수들
더는 갈 곳이 없어

갈 맞을
준비 바쁘다
어디쯤이
거기일까

매미는 이젠 그만
목청도 쉰 소리가

밤이면 먼발치
귀뚜라미 울어쌓고

갈 길을
더 재촉하는
떨어지는
빗방울
—「처서」 전문

분주하고 화려했던
지난 날 다 내려놓고

발 앞에 수북이 쌓인
낙엽을 내려다보며

살아도
죽은 듯 말없이
이 혹한을 견딘다
—「겨울산」 전문

반세기 전 우리는 내 몸 같은 한 핏줄
지금은 너무 멀어 조심스런 거리감
이제는 간당거리는 부표 하나 떠 있다

거스를 수 없는 피를 나눈 가지마다
제 나름 푸른 잎으로 열심히 뻗어나고
거리가 너무 멀어서 바라보고 있을 뿐
—「바라보고 있을 뿐」 전문

「처서」는 변화하는 계절을 통해 느끼는 정서를 그리고 있다. "가던 길 멈춰 서서/바람눈치 살피며//침묵 중인 가로수들/더는 갈 곳이 없어//갈 맞을/준비 바쁘다/어디쯤이/거기일까"라고 묻고 있다. 맑은 서정의 결이 곱다. 특히 "어디쯤이 거기일까"라는 물음에서 가슴 저미는 울림이 있다. "매미는 이젠 그만/목청도 쉰 소리"이고, "밤이면 먼발치/귀뚜라미 울어쌓"는다. 그리고 "갈 길을/더 재촉하는/떨어지는/빗방울"이 보인다. 다소 스산하다. 철이 바뀔 때마다 색다르게 가지는 감정이 떠오른다.

「겨울산」이 보여주는 자존의식은 엄정하다. "분주하고 화려했던/지난 날 다 내려놓고//발 앞에 수북이 쌓인/낙엽을 내려다보"면서 화자는 "살아도/죽은 듯 말없이/이 혹한을 견"디어야 함을 자각한다. 지난날 화려하고 분주했던 일에 매일 일이 아님을 직시하고 발 앞에 수북이 쌓인 낙엽을 통해 견자가 되는 것이다. 이젠 혹한을 어떻게든지 견디는 일밖에 없다. 잘 견디는 일이 곧 잘 사는 일이다. "겨울산"을 바라보며 그러한 의지를 다지고 있다.

「바라보고 있을 뿐」은 남북 문제를 조심스레 거론한다. "반세기 전 우리는 내 몸 같은 한 핏줄"이었는데 "지금은 너무 멀어 조심스런 거리감"으로 말미암아 "이제는 간당거리는 부표 하나 떠 있"는 느낌이다. "거스를 수 없는 피를 나눈 가지마다/제 나름 푸른 잎으로 열심히 뻗어나고" 있는 것을 보며 "거리가 너무 멀어서 바라보고 있을 뿐"이라고 잔잔히 읊조린다. 서두르지 말고 때를 기다리자는 의미로 읽힌다. 때를 기다리며 그날을 앞당길 수 있도록 서로가 힘써야 할 터다.

3

지금까지 우리는 "미학적 무한 긍정과 따사로운 인간애"의 세계로 충만한 류금자 시인의 전편을 읽었다. 그는 그만의 분명한 빛깔과 향기와 소리를 지닌 시인이다. 담백하면서도 깊이가 있고, 간명하면서도 웅숭깊은 노래를 부른다. 무엇보다 간절함이 전편에 흐르고 있고, 그 간절함을 따라 시선을 옮기는 일은 무장 행복하다.

류금자 시인은 사람이라면 아무나 오를 수 없는 인생의 놀라운 경지인 팔순이라는 봉우리에 올라 자아와 세계를 유유자적 관조하고 있다. 또한 영원불멸의 세계를 희구하면서 날마다 순간순간마다 기도하는 시인이다. 지난 2011년부터 지켜 보았지만 그의 시조 사랑은 남다르다. 비록 많은 작품은 아니지만 편편이 주옥편이다.

앞으로 그의 시업의 길에 부신 빛이 더하리라 믿으며, 시조집 『찔레꽃 엄마 향』 상재를 크게 경하하는 바이다.

류금자 시조집

찔레꽃 엄마 향

초판 인쇄 2021년 11월 10일
초판 발행 2021년 11월 15일

지은이 / 류 금 자
펴낸이 / 박 진 환

펴낸 곳 / 만인사
출판등록 / 1996년 4월 20일 제03-01-306호
주소 / 41960 대구광역시 중구 명륜로 116
전화 / (053)422-0550
팩스 / (053)426-9543
전자우편 / maninsa@hanmail.net
홈페이지 / www.maninsa.co.kr

ISBN 978-89-6349-162-2 03810

값 10,000원